Ein Tribut an Joschka Fischer

Die illustrierte Biografie

Joseph Martin „Joschka“ Fischer geboren am 12. April 1948 in Gerabronn, ist ein ehemaliger deutscher Politiker des Bündnis 90/Die Grünen. Er war von 1998 bis 2005 Außenminister und Vizekanzler der Bundesrepublik Deutschland. Ein knappes Jahr nach der Bundestagswahl 2005 zog sich Fischer aus der aktiven Politik zurück. Seit dem Ende seiner politischen Karriere ist er als Berater, Publizist, Buchautor und Lobbyist tätig.

Im Bild: Fischer bei der lit.Cologne Sonderedition Veranstaltung Joschka Fischer - Willkommen im 21. Jahrhundert im Theater im Tanzbrunnen in Köln, 2021

Als drittes Kind des Metzgers József Fischer (1909–1966) und seiner Frau Erzsébet (Elisabeth), geb. Sasvári, wurde Fischer in Gerabronn geboren. Vorfahren Fischers waren Metzger aus Fridingen an der Donau und wanderten 1731 als Kolonisten nach Ungarn aus. 1946 hatten Fischers Eltern mit ihren Töchtern Georgina (* 1939) und Franziska (* 1943) als Ungarndeutsche ihren Wohnort Wudigeß (ungarisch Budakeszi, eine im Jahr 2000 zur Stadt erhobene Gemeinde nahe der ungarischen Hauptstadt Budapest) verlassen müssen. Über Gaildorf in Württemberg kam die Familie zunächst nach Kirchberg an der Jagst und siedelte schließlich nach Langenburg im Hohenlohischen über, wo der Vater eine Metzgerei übernahm. Der von Joschka Fischer geführte Vorname leitet sich von Jóska ab, einer Diminutivform des ungarischen Vornamens József (deutsch Joseph).

In der frühen Jugendzeit war Fischer Ministrant in seiner katholischen Heimatkirchengemeinde Oeffingen. Noch vor Beendigung der Untersekunda (10. Klasse) verließ er 1965 das Gottlieb-Daimler-Gymnasium in Stuttgart-Bad Cannstatt ohne Abschluss und begann in Fellbach eine Lehre als Fotograf, die er 1966 abbrach.

Im Bild: Fischer in Bonn, 1983

nal Kemal Altun
ist tot

Ab 1967 engagierte sich Fischer in der Studentenbewegung und in der außerparlamentarischen Opposition (APO). Er lebte ab 1968 in Frankfurt am Main. Später jobbte er im SDS-Verlag Neue Kritik und in der Buchhandlung Libresso am Opernplatz, die vorwiegend linke Literatur anbot. Gleichzeitig besuchte er eigenem Bekunden nach als Gasthörer die zeitweise völlig überfüllten Vorlesungen von Theodor W. Adorno, Jürgen Habermas und Oskar Negt. 1969 nahm Fischer in Algier an einer Konferenz der PLO teil. 1970 gründete er die Karl-Marx-Buchhandlung in Frankfurt am Main.

1971 begann er eine Tätigkeit bei der Adam Opel AG in Rüsselsheim mit dem Ziel, über die Gründung einer Betriebsgruppe die Arbeiter zu politisieren und letztlich für die „Revolution" zu gewinnen. Diese Form der „Basisarbeit" brachte aber nicht den erhofften Erfolg und Fischer wurde wegen seiner Aktivitäten nach einem halben Jahr fristlos entlassen. Nach weiteren Gelegenheitsarbeiten, unter anderem als Übersetzer von Romanen für Jörg Schröders Olympia Press, arbeitete Fischer in Frankfurt bis 1981 als Taxifahrer und bis 1982 als Aushilfe in einem Buchladen. Schauspielerische Kurzeinsätze hatte er zudem 1983 in dem Fernsehfilm Der Fliegende Robert und 1986 in dem Film Va Banque, in dem er einen Taxifahrer spielt.

Im Bild: Fischer während einer Rede im Deutschen Bundestag, 1983

Bis 1975 war Fischer Mitglied der linksradikalen und militanten Gruppe Revolutionärer Kampf. Er beteiligte sich an mehreren Straßenschlachten mit der Polizei („Putzgruppe“), in denen Dutzende von Polizisten zum Teil schwer verletzt wurden. Ein Foto vom 7. April 1973 zeigt den mit einem schwarzen Motorradhelm vermummten Fischer und Hans-Joachim Klein, später Mitglied der Revolutionären Zellen (RZ), wie sie gemeinsam auf einen Polizisten einschlagen. Es gibt von dem Geschehen auch einen Reportagefilm, der an diesem Tag für die Tagesschau gedreht wurde und die Szene in bewegten Bildern zeigt. Als Außenminister gestand Fischer seine damalige Gewalttätigkeit ein.

Er beteuerte allerdings, niemals Molotowcocktails geworfen zu haben. Hintergrund war eine vorläufige Festnahme Fischers 1976, bei einer Demonstration für die RAF-Terroristin Ulrike Meinhof, unter dem Verdacht, einen solchen Brandsatz während einer Demonstration aus Anlass des Todes Ulrike Meinhofs am 10. Mai 1976 auf ein Polizeifahrzeug geworfen zu haben, wobei der Polizeiobermeister Jürgen Weber lebensgefährlich verletzt und dauerhaft entstellt worden war. Gegen Fischer wurde wegen Landfriedensbruchs, versuchten Mordes und der Bildung einer kriminellen Vereinigung ermittelt. Fischer wurde aus der Haft entlassen, weil sich der Verdacht gegen ihn nicht erhärten ließ. Bei der Planung der Demonstration war unter Beteiligung Fischers der Einsatz von Molotowcocktails diskutiert worden.

Im Bild: Helmut Kohl (CDU) mit den Abgeordneten der Grünen Fischer, Petra Kelly und Marieluise Beck-Oberdorf in Bonn, 1983

Nachermittlungen der Frankfurter Staatsanwaltschaft zu diesem Vorfall wurden 2001 durch den Umstand behindert, dass die Hessische Staatskanzlei unter SPD-Ministerpräsident Holger Börner von der Staatsschutzabteilung des Polizeipräsidiums Frankfurt alle Unterlagen über Fischer angefordert hatte, als dieser 1985 in Wiesbaden Umweltminister wurde, und seitdem über den Verbleib der Akten nichts bekannt war. Aus der Frankfurter Zeit stammt auch seine Freundschaft mit dem deutsch-französischen Studentenführer Daniel Cohn-Bendit, mit dem er zeitweilig in einer Wohngemeinschaft wohnte. Im September 2015 tauchte die seit 1985 verschollene Polizeiakte Fischers in einem herrenlosen Koffer am Frankfurter Flughafen wieder auf. Das Schriftstück enthält Fotos, Fingerabdrücke und Daten und dokumentiert die Verstrickung Fischers in die linksradikale Szene.

Nachdem Fischer noch 1976 erklärt hatte „Wir können uns [...] nicht einfach von den Genossen der Stadtguerilla distanzieren, weil wir uns dann von uns selbst distanzieren müssten“, leiteten die Ereignisse im so genannten Deutschen Herbst 1977 (Entführung und Ermordung des BDA-Präsidenten Hanns Martin Schleyer, Entführung des Flugzeugs „Landshut“, Suizid der RAF-Gründer) nach eigenen Angaben einen Erkenntnisprozess bei ihm ein, den er als Illusionsverlust bezeichnete und der schließlich zu seiner Abkehr von radikalen und gewalttätigen Politikvorstellungen geführt habe. Er habe sich dann zum Demokraten aus Überzeugung gewandelt, was auch dem politischen Lebensweg seiner Partei entspreche.

Im Bild: Personalausweis von Joschka Fischer fotografiert 1985

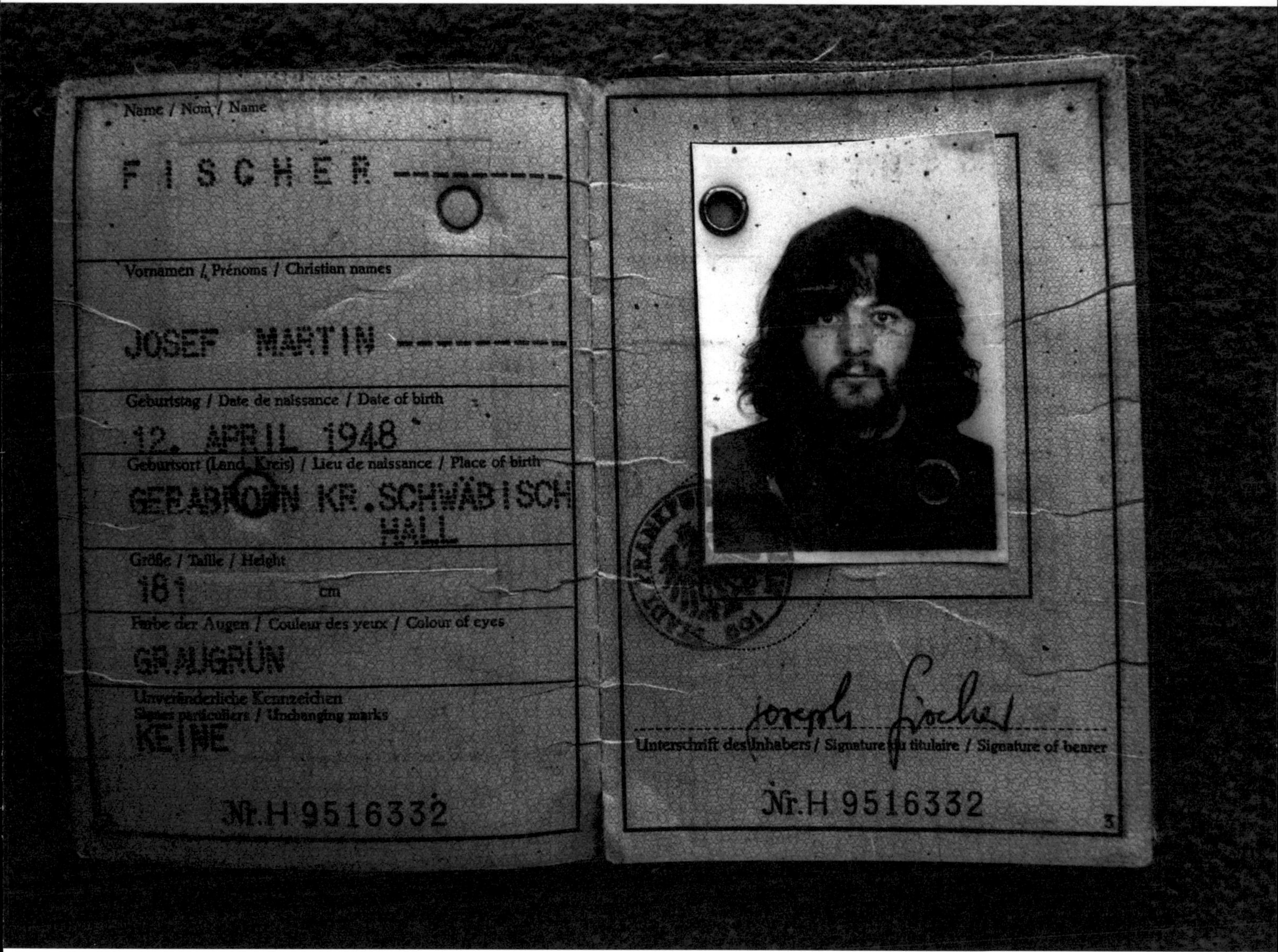
Name / Nom / Name

FISCHER

Vornamen / Prénoms / Christian names

JOSEF MARTIN

Geburtstag / Date de naissance / Date of birth

12. APRIL 1948

Geburtsort (Land, Kreis) / Lieu de naissance / Place of birth

GERABRONN KR.SCHWÄBISCH HALL

Größe / Taille / Height

181 cm

Farbe der Augen / Couleur des yeux / Colour of eyes

GRAUGRÜN

Unveränderliche Kennzeichen
Signes particuliers / Unchanging marks

KEINE

Nr.H 9516332

joseph fischer

Unterschrift des Inhabers / Signature du titulaire / Signature of bearer

Nr.H 9516332

3

Dennoch kommentierte er noch 1978 die Ermordung von Hanns Martin Schleyer, Siegfried Buback und Jürgen Ponto durch die RAF mit dem Satz: „Bei den drei hohen Herren mag mir keine rechte Trauer aufkommen, das sage ich ganz offen für mich.“ Am 11. Mai 1981 wurde der hessische Wirtschaftsminister Heinz-Herbert Karry ermordet, anschließend bekannten sich die Revolutionären Zellen zu der Tat. Später stellte sich heraus, dass die Tatwaffe, zusammen mit anderen aus einer amerikanischen Kaserne gestohlenen Waffen, im Jahre 1973 in Joschka Fischers Auto transportiert worden war. Fischer gab dazu an, er habe dem damaligen Autoschlosser Hans-Joachim Klein (1973 noch nicht Mitglied der RZ, aber bereits im Dunstkreis linksradikaler militanter Gruppen) den Wagen lediglich gegeben, um von ihm einen neuen Motor einbauen zu lassen. Erst später habe er erfahren, dass mit dem Auto gestohlene Waffen transportiert worden seien.

Im Bild: Fischer und Otto Schily in Offenbach, 1985

Noch vor seinem Parteibeitritt im Jahr 1982 gründete Fischer 1981 mit Daniel Cohn-Bendit und anderen den Arbeitskreis Realpolitik in Frankfurt, der für die Partei Die Grünen sogenannte „realpolitische" Positionen formulierte. Die inhaltliche Auseinandersetzung mit diesen neuen Positionen führte im Kreisverband Frankfurt zur Polarisierung zwischen Realos und Vertretern eines „öko-fundamentalistisch" genannten Standpunktes (Fundis), in deren Verlauf sich Fischer 1982 für die Bundestagswahl 1983 als Kandidat für Die Grünen durchsetzen konnte.

Im Bild: Fischer beim Bundesparteitag der Grünen in Nürnberg Mitte der 1980er Jahre

Farbe bekennen
DIE GRÜNEN

Im März 1983 wurde er in den Deutschen Bundestag gewählt und gehörte damit der ersten Bundestagsfraktion der Grünen an. Für diese war er als Parlamentarischer Geschäftsführer tätig. Er machte sich auch als Redner einen zum Teil umstrittenen Namen, z. B. im Zusammenhang der Kießling-Affäre oder der Flick-Affäre, während der er mit Beschimpfung des Bundestagsvizepräsidenten Richard Stücklen („Mit Verlaub, Herr Präsident, Sie sind ein Arschloch“) auf seinen Ausschluss von einer Bundestagssitzung reagierte. Dem bei den Grünen damals noch üblichen Rotationsprinzip gemäß legte er sein Abgeordnetenmandat nach zwei Jahren zum Ende März 1985 nieder. Während seiner Zeit als Bundestagsabgeordneter nahm er am 24. Oktober 1983 an der Blockade der US-Militärbasis in Frankfurt am Main teil, um gegen den NATO-Doppelbeschluss zu demonstrieren.

Nach eigenen Angaben hatte Fischer vor seinem Parteieintritt bei den Grünen aus Überzeugung nie gewählt, was ihn heute aber ärgere.

Im Bild: Fischer während eines Verbrüderungstreffens mit Richard Stücklen (CSU) in Bonn, 1985

In Hessen kam es am 12. Dezember 1985 nach längerer Tolerierung einer SPD-Minderheitsregierung zur Bildung der ersten rot-grünen Landesregierung unter Ministerpräsident Holger Börner. In diesem Kabinett wurde Fischer Staatsminister für Umwelt und Energie. Bereits seine Vereidigung sorgte für Aufsehen, da er in grobem Jackett und weißen Turnschuhen erschien. Dieser Auftritt prägte den Begriff des „Turnschuh-Ministers". Heute sind Fischers weiße Nike-Turnschuhe im Deutschen Ledermuseum in Offenbach ausgestellt.

Im Bild: Fischer im Interview mit Amelie Fried in Träume ohne Schäume, 1986

RESERVIERT

Am 9. Februar 1987 trat Fischer von seinem Amt als hessischer Umweltminister unter Ministerpräsident Börner (SPD) zurück, da die Grünen in einem Ultimatum den Fortbestand der Koalition von der Rücknahme der Genehmigung für das Hanauer Nuklearunternehmen Nukem abhängig gemacht hatten. Damit zerbrach die erste rot-grüne Regierungskoalition im unmittelbaren Nachgang des Unfalls vom 20. Januar 1987 in der Hanauer Atomfabrik Nukem, nur wenige Monate nach der Nuklearkatastrophe von Tschernobyl.

Im Bild: Fischer im hessischen Landtag in Wiesbaden, 1987

Die darauf folgenden Neuwahlen im April 1987 endeten mit einem Sieg von CDU und FDP. Walter Wallmann (CDU) wurde Ministerpräsident und Wolfgang Gerhardt (FDP) sein Stellvertreter. Fischer wurde bei dieser Wahl in den Hessischen Landtag gewählt und übernahm den Vorsitz der Landtagsfraktion der Grünen.

Im Bild: Fischer und Otto Schily bei einer Pressekonferenz, 1988

Bei den Landtagswahlen 1991 verlor die Regierungskoalition ihre Mehrheit. Es kam zu einer Wiederauflage der rot-grünen Koalition, diesmal unter Ministerpräsident Hans Eichel (SPD). Fischer wurde wieder Umweltminister. Zugleich war er Stellvertreter des Ministerpräsidenten und Staatsminister für Bundesangelegenheiten.

Im Bild: Fischer und Hans Eichel in Bonn, 1991

Im Oktober 1994 legte er alle Ämter in Hessen nieder und wurde, nachdem die Grünen bei der Bundestagswahl am 16. Oktober 1994 den Wiedereinzug in den Bundestag geschafft hatten, neben Kerstin Müller zum Sprecher der Bundestagsfraktion von Bündnis 90/Die Grünen. Neben Fischers Engagement für einen Einsatz der Bundeswehr in Bosnien und Herzegowina ließ in diesen Jahren auch die wirtschaftspolitische Hinwendung der Grünen zur Marktwirtschaft diese immer mehr zu einer „realpolitischen" Partei werden.

Im Bild: Fischer bei Wahlkampf auf dem Bebelplatz in Berlin, 1994

:Wend
wir nichts änd

Fischer löste 1995 eine innerparteiliche Kontroverse aus, als er mit der strikt pazifistischen Ausrichtung der Partei brach und militärische Maßnahmen zur Aufrechterhaltung der UN-Schutzzonen in Bosnien und Herzegowina befürwortete.

Im Bild: Fischer bei einer Veranstaltung für Klimaschutz, 1995

WIR STREITEN FÜR:
DAS

Bei der Bundestagswahl im Herbst 1998 verlor die schwarz-gelbe Koalition unter Bundeskanzler Helmut Kohl nach 16 Jahren ihre Mehrheit. Es kam zur Bildung der ersten rot-grünen Koalition auf Bundesebene. Der neue Bundeskanzler Gerhard Schröder berief Fischer als Außenminister und Vizekanzler in sein Kabinett.

1999 unterstützte Fischer maßgeblich die deutsche Beteiligung am völkerrechtlich umstrittenen Kosovokrieg, wodurch erstmals seit dem Zweiten Weltkrieg wieder deutsche Soldaten an einem Krieg beteiligt waren. Er begründete diesen Krieg unter anderem auch mit dem Verweis auf den Holocaust. Am 7. April 1999 sagte er: „Ich habe nicht nur gelernt: Nie wieder Krieg. Ich habe auch gelernt: Nie wieder Auschwitz." Am 13. Mai 1999 sagte er in einer Rede auf dem Kosovo-Sonderparteitag in Bielefeld: „Ich stehe auf zwei Grundsätzen, nie wieder Krieg, nie wieder Auschwitz, nie wieder Völkermord, nie wieder Faschismus. Beides gehört bei mir zusammen." Dem Nachrichtenmagazin Newsweek sagte Fischer auf die Frage, ob er zwischen den Ereignissen im Kosovo und der Nazi-Ära eine direkte Parallele sehe: „Ich sehe eine Parallele zu jenem primitiven Faschismus. Offensichtlich sind die 1930er Jahre zurückgekehrt, und das können wir nicht hinnehmen."

Im Bild: Fischer in Bonn, 1998

Kritiker warfen Fischer vor, als Außenminister Positionen vertreten zu haben, die er vor der rot-grünen Regierungsübernahme abgelehnt hatte. Wegen seines Werbens als deutscher Außenminister für den Einsatz der NATO im Kosovokrieg wurde er unter anderem in Internet-Foren, aber auch von Angehörigen der Friedensbewegung als Kriegsverbrecher bezeichnet. Das Oberverwaltungsgericht Berlin entschied im Zusammenhang mit einem von der Polizei übermalten Transparent, dass diese Bezeichnung als schwerer Angriff auf die persönliche Ehre rechtswidrig sei.

Im Mai 1999 wurde Fischer aus Protest gegen den NATO-Einsatz auf dem Grünen-Parteitag in Bielefeld von dem linksautonomen Samir Fansa mit einem roten Farbbeutel beworfen und erlitt dabei einen Trommelfell-Riss am rechten Ohr.

Im Bild: Bundeskanzler Gerhard Schröder, Außenminister Joschka Fischer und Frank-Walter Steinmeier (SPD/Chef des Bundeskanzleramts) während einer Kabinettssitzung in Bonn, 1999

Heftige Kritik an Fischer wurde wegen seiner Haltung bezüglich der Tschetschenienkriege geäußert. Während der Bundestagsabgeordnete Fischer im Januar 1995 noch die Untätigkeit der Bundesregierung während des Ersten Tschetschenienkriegs angesichts des „grausamen Mordens einer nuklearen Supermacht gegen ein kleines Volk im Norden des Kaukasus“ verurteilt hatte, erklärte er 2000 als Außenminister in Bezug auf den Zweiten Tschetschenienkrieg, dass Russland nicht isoliert werden dürfe und es legitim sei, gegen Terror vorzugehen.

Im Bild: Fischer in Berlin, 2000

Im Jahre 2000 nahm Fischer am Berlinmarathon teil. Seinen ersten Marathon lief der Fraktionsvorsitzende eine Woche nach seinem 50. Geburtstag und erreichte nach knapp 4 Stunden das Ziel.

Im Bild: Fischer gemeinsam mit anderen Teilnehmern während des Berlin Marathons, 2000

real
R.O.N.O.
real
1112
BERLIN-MARATHON
Krombacher

Im Jahre 2001 konnte die bereits angekündigte Fischer-Biografie „Sag mir, wo Du stehst“ der Journalistin Bettina Röhl nicht erscheinen, weil der Verlag Kiepenheuer & Witsch in Köln vom Buchvertrag zurücktrat. Als Begründung wurde Röhls Kampagne gegen Fischer, einen langjährigen Autor des Verlags, genannt. Im Januar 2001 hatte Bettina Röhl mit der Veröffentlichung der so genannten Fischer-Prügel-Fotos eine weit über deutsche Grenzen hinausreichende Mediendiskussion über Fischers militante Vergangenheit ausgelöst, in deren Verlauf der damalige Bundeskanzler Gerhard Schröder der Opposition vorwarf, mit ihrer Kritik an Fischer den politischen Aufbruch einer ganzen Generation zu diffamieren, während die damalige Oppositionsführerin Angela Merkel Fischer aufforderte, sich von der 68er-Revolte insgesamt zu distanzieren.

Im Bild: Fischer spricht vor der Abstimmung zum Bundeswehreinsatz der Bundesregierung auf dem Bundesparteitag in Rostock, 2001

zukunft
STADTHALLE
DIE GRÜNEN

Die rot-grüne Bundesregierung mit Fischer als Bundesaußenminister führte deutsche Bodentruppen mit der Beteiligung am Einsatz der NATO im Kosovokrieg erstmals nach dem Zweiten Weltkrieg in einen Kriegseinsatz. Ab 2001/2002 beteiligte sich die Bundeswehr am Krieg in Afghanistan. 2003 weigerte sich hingegen die rot-grüne Bundesregierung, den Irakkrieg der USA zu unterstützen.

Im Mai 2002 wurde Fischer mit der Ehrendoktorwürde der Universität Haifa ausgezeichnet.

Im Bild: Wahlkampfteam Joschka Fischer mit Claudia Roth, Fritz Kuhn, Kerstin Müller, Renate Künast, Jürgen Trittin und Rezzo Schlauch in Berlin, 2002

BÜNDNIS 90
DIE GRÜNEN
BÜNDNIS 90
DIE GRÜNEN

Fischer galt als aussichtsreicher Kandidat auf den nach dem Entwurf für eine Europäische Verfassung für 2006 geplanten Posten des Außenministers der Europäischen Union. Den Grundstein hierzu legte seine im Jahr 2000 gehaltene Humboldt-Rede „Vom Staatenverbund zur Föderation“, mit dem er eine mögliche Finalität des europäischen Einigungsprozesses heraufbeschwor und eindeutig für den europäischen Föderalismus Stellung bezog. Am 1. September 2003 verkündete er allerdings gemeinsam mit Bundeskanzler Schröder, dass beide bei der nächsten Bundestagswahl wieder zusammen antreten wollten.

Anfang 2005 stand Fischer als verantwortlicher Minister im Mittelpunkt der sogenannten Visa-Affäre. Am 25. April 2005 trat er als Zeuge vor dem Visa-Untersuchungsausschuss auf, wo er eigene Versäumnisse einräumte und die komplette politische Verantwortung übernahm.

Im Bild: Fischer und Schröder in Berlin, 2003

Im Frühjahr 2005 setzte sich Fischer im Rahmen der Nachrufdebatte dafür ein, dass Nachrufe für einstige NSDAP-Mitglieder aus der Hauszeitung internAA des Auswärtigen Amts gestrichen werden. In der Folge wurde eine Historikerkommission eingesetzt, welche die Übernahme von NSDAP-Mitgliedern in das AA nach dem Krieg aufarbeiten sollte. Das Ergebnis von deren Arbeit wurde als Buch Das Amt und die Vergangenheit veröffentlicht und hat weitere Debatten ausgelöst.

Im Bild: Fischer in Berlin, 2005

Auswärtiges Amt

Nach der Bundestagswahl 2005 erklärte Fischer, dass er im Oppositionsfall im Sinne eines Generationswechsels für das Amt des Fraktionsvorsitzenden im Deutschen Bundestag und andere führende Ämter in der Partei nicht mehr zur Verfügung stehe. Seine Amtszeit als Außenminister und Vizekanzler endete am 18. Oktober 2005, er übte diese Ämter aber noch bis zum 22. November des Jahres geschäftsführend aus.

Im Bild: Fischer, Bärbel Höhn und Dr. Michael Vesper zum Wahlkampfauftakt für die Landtagswahl in Nordrhein-Westfalen in Essen, 2005

Im Mai 2005 erhielt Fischer in seiner Funktion als Außenminister die höchste Auszeichnung des Zentralrates der Juden in Deutschland, den Leo-Baeck-Preis, für seine Verdienste im Nahost-Konflikt als Vermittlungspartner zwischen Palästinensern und Israelis. Am 20. Mai 2006 wurde Joschka Fischer mit der Ehrendoktorwürde der Universität Tel Aviv ausgezeichnet.

Im Bild: Fischer bei der Verleihung des Leo Baeck-Preises in Berlin, 2005

O
BAECK

Fischer ist in fünfter Ehe seit dem 29. Oktober 2005 mit der Filmproduzentin Minu Barati-Fischer verheiratet. Aus zweiter Ehe mit Inge Fischer, geborene Peusquens, stammen sein Sohn David, geboren 1979, und seine Tochter Lara, geboren 1983. Seit 2006 lebt Joschka Fischer in Berlin-Grunewald.

Fischer ist Fan des Fußball-Bundesligisten Eintracht Frankfurt.

Im Bild: Fischer mit Ehefrau Minu Barati anlässlich der FIFA Fußball WM in Berlin, 2006

Anfang 2006 hielt Fischer zahlreiche Vorträge für Investmentbanken wie Barclays Capital und Goldman Sachs. 2006 übernahm er eine einjährige Gastprofessur für internationale Wirtschaftspolitik an der Woodrow Wilson School der amerikanischen Princeton University. Seine Vorlesungen behandelten die „Internationale Krisendiplomatie". Daneben war Fischer als Senior Fellow am Liechtenstein Institute der Woodrow Wilson School tätig und engagierte sich als Mitglied des EU-Programms der Princeton University.

Fischer war 2006 auch beratend für den World Jewish Congress tätig.

Im Bild: Fischer bei Klausurtagung der Bundestagsfraktion Bündnis 90/Die Grünen in Wörlitz, 2006

WDR

Am 27. Juni 2006 nahm Fischer zum letzten Mal an einer Fraktionssitzung der Grünen Bundestagsfraktion teil. Am 1. September 2006 legte er sein Bundestagsmandat nieder. Sein Mandat übernahm der Nachrücker Omid Nouripour.

Im Bild: Renate Künast, Fritz Kuhn und Fischer anlässlich seiner Verabschiedung aus allen öffentlichen Ämtern in Berlin, 2006

W.GRUENE-BUNDESTAG.DE
BÜNDNIS 90
DIE GRÜNEN
Bundestagsfraktion
BÜNDNIS 90
DIE GRÜNEN
Bundestagsfraktion

Fischer hat viele Bücher herausgebracht. 2007 veröffentlichte er das Buch Die rot-grünen Jahre. Deutsche Außenpolitik vom Kosovo bis zum 11. September, aus dem er bei der Buchpremiere vorlas.

Im Bild: Fischer bei der Buchpremiere im Berliner Ensemble, 2007

Joschka
Fischer
Die rot-grünen Jahre

2007 gründete er eine Beraterfirma mit dem Namen Joschka Fischer Consulting. Er ist Gründungsmitglied und Vorstand des European Council on Foreign Relations, das von dem Milliardär und Mäzen George Soros finanziert wird. Im September 2008 nahm er einen Beratervertrag (Senior Strategic Counsel) bei der Madeleine Albright gehörenden Firma The Albright Group, LLC an.

Im Bild: Fischer eröffnet den Mainzer Mediendisput im ZDF Sendezentrum in Mainz, 2007

Was gibt's Neues in Europa!?

Mitte 2009 gründeten Fischer und Dietmar Huber (langjähriger Pressesprecher der Grünen im Bundestag) Joschka Fischer & Company. 2009 schloss Fischer zudem einen Vertrag mit den Energieversorgern RWE und OMV als politischer Berater für den geplanten Bau der 3300 km langen Nabucco-Pipeline, die Erdgas vom Kaspischen Meer über die Türkei in die EU transportieren sollte. Fischer war damit Lobbykonkurrent zum früheren Bundeskanzler Gerhard Schröder, der damals für das Projekt der Nord-Stream-Pipeline warb. Ebenfalls 2009 wurde Fischer Berater für den Autokonzern BMW und, gemeinsam mit Madeleine Albright, Berater der Siemens AG in außenpolitischen und unternehmensstrategischen Fragen. Im September 2010 übernahm Fischer auch ein Beratungsmandat für die Rewe Group.

Im Bild: Fischer in Bonn, 2009

Fischer erhielt im Jahr 2009 den Ehrenpreis des Deutschen Nachhaltigkeitspreises für seine herausragende Rolle bei der Umsetzung grüner Visionen in Realpolitik. Der Preis prämiert vorbildliche Nachhaltigkeitsleistungen in Wirtschaft, Kommunen und Forschung. Mit fünf Wettbewerben, über 800 Bewerbern und ca. 2.000 Gästen zur Abschlussveranstaltung ist er die größte Auszeichnung seiner Art in Europa. Der Preis wird seit 2008 jährlich von der Stiftung Deutscher Nachhaltigkeitspreis e.V. vergeben, in Zusammenarbeit mit der Bundesregierung, dem Rat für Nachhaltige Entwicklung, kommunalen Spitzenverbänden, Wirtschaftsvereinigungen, zivilgesellschaftlichen Organisationen und Forschungseinrichtungen. Er hat das Ziel, Wirtschaft und den kommunalen Sektor in nachhaltigem Handeln zu bestärken und die Grundsätze nachhaltiger Entwicklung in der öffentlichen Wahrnehmung besser zu verankern. Er soll zeigen, dass verantwortliches Handeln nicht nur hilft, soziale und ökologische Probleme im globalen oder lokalen Maßstab zu lösen, sondern auch Profitabilität und Wettbewerbsfähigkeit erhöhen kann.

Im Bild: Fischer bei der Verleihung des Nachhaltigkeitspreises, 2009

Im Mai 2009 scheiterte Fischer vor dem Bundesgerichtshof (BGH) letztinstanzlich mit einer Klage gegen die Illustrierte Bunte, die ein Foto seiner Privatvilla in Berlin-Grunewald abgedruckt hatte. Das Informationsinteresse der Öffentlichkeit sei gewichtiger als Fischers Persönlichkeitsrecht.

Im Bild: Fischer mit Frau Minu Barati-Fischer bei der Berlin Premiere des US Films Inglourious bastards am Marlene Dietrich Platz in Berlin, 2009

RIOUS
ERDS
ENTIN TARANT

Fischer wurde 2010 mit der Heinrich-Heine-Gastprofessur der Heinrich-Heine-Universität Düsseldorf geehrt. Außerdem ist Fischer Ehrenbürger von Budakeszi, woher seine Familie stammt. Bis nach dem Zweiten Weltkrieg hatte die Ortschaft eine bedeutende Donauschwäbische Mehrheit, nach 1946, dem Jahr der großen Vertreibung der Deutschen, wurden diese zur Minderheit. Den diesbezüglichen kulturellen Hintergrund kann man aber nach wie vor sehr stark in der Gemeinde fühlen.

Im Bild: Fischer und Minu Barati-Fischer, Klaus Wowereit und Jörn Kubicki in der Staatsoper Unter den Linden in Berlin, 2010

Seit August 2010 hat Fischer den Vorsitz der aus neun Personen bestehenden „Gruppe herausragender Persönlichkeiten“ im Europarat inne. Die auf Initiative der Türkei ins Leben gerufene Gruppe soll sich „mit den größer werdenden Gräben zwischen den unterschiedlichen Gemeinschaften und der ‚Radikalisierung‘ bestimmter Gruppen befassen“ und „Maßnahmen für mehr Toleranz und gegenseitigen Respekt“ vorschlagen. Der erste Bericht der Gruppe erschien im Frühjahr 2011.

Im Bild: Fischer und Marek Prawda, Botschafter der Republik Polen beim Empfang in der israelischen Botschaft anlässlich des Staatsbesuchs von Israels Präsident in Berlin, 2010

Fischer war im September 2010 an der Gründung der Spinelli-Gruppe beteiligt, die sich für den europäischen Föderalismus einsetzt. 2013 machte Fischer Werbung für das Elektroauto BMW i3.

Im Bild: Fischer bei der Nacht der Süddeutschen Zeitung, 2010

Im Oktober 2014 stellte Fischer in Berlin sein Buch Scheitert Europa? vor. Es sollte zunächst „Die Vereinigten Staaten von Europa" heißen und erhielt angesichts damaliger Entwicklungen einen anderen Titel. In dem Buch beschreibt Fischer u. a. die (wirtschaftlichen) Probleme und Dynamiken Europas mit Beginn der Weltfinanzkrise 2007, eine neue Spaltung und Desolidarisierung zwischen den nördlichen (reicheren) und den südlichen europäischen Staaten sowie den Aufstieg radikaler antieuropäischer und fremdenfeindlicher Parteien in demokratischen Wahlen.

Im Bild: Fischer bei der Pressekonferenz zur Vorstellung seines Buches Scheitert Europa? in der Heinrich-Böll-Stiftung, 2014

VERLAG
Joschka
FISCHER
Scheitert
EUROPA?
BOSCH

Die Bayerische Europa-Medaille bekam Fischer im Jahr 2016. Die Medaille für besondere Verdienste um den Freistaat Bayern in Europa und der Welt (Europamedaille) wird seit 1990 regelmäßig vom Bayerischen Staatsminister für Bundes- und Europaangelegenheiten in der Bayerischen Staatskanzlei verliehen. Von 1990 bis 2012 haben insgesamt 247 Personen die Auszeichnung erhalten.
Er war Mitglied im Präsidium der Deutschen Gesellschaft für die Vereinten Nationen.

Im Bild: Fischer und Winfried Kretschmann bei Podiumsdiskussion in Karlsruhe, 2015

Anfang 2019 wurde Fischer beim kanadischen Hanf-Hersteller Tilray Gründungsmitglied des internationalen Beirates, der bei der Umsetzung einer „offensiven weltweiten Wachstumsstrategie“ helfen soll. Marla Luther, ehemalige Beraterin bei Joschka Fischer & Company, war bereits seit Anfang 2017 Geschäftsführerin von Tilray Deutschland. Agenturen vermitteln Fischer als Vortragsredner. Er schreibt gelegentlich Gastbeiträge in Zeitungen.

Im Bild: Israelischer Botschafter Jeremy Issacharof und Joschka Fischer bei der Gedenkstunde der Jüdischen Gemeinde in Berlin, 2019

Zusammenfassend lässt sich sagen, dass das Leben und die Karriere von Joschka Fischer durch einen bemerkenswerten Werdegang von einem Aktivisten der Umweltbewegung zu einer der einflussreichsten politischen Persönlichkeiten der modernen deutschen Geschichte gekennzeichnet sind. Zu Fischers Vermächtnis gehören seine unermüdlichen Bemühungen, die Aufmerksamkeit auf Fragen der sozialen Gerechtigkeit, der Demokratie und der ökologischen Nachhaltigkeit zu lenken. Er ist eine charismatische und kontroverse Persönlichkeit, die die deutsche Politik und die internationalen Beziehungen nachhaltig geprägt hat.

Auch wenn sein Weg nicht unumstritten war, kann Joschka Fischers Beitrag für die deutsche politische Landschaft und die Welt im Allgemeinen nicht geleugnet werden und sein Einfluss wird auch in den kommenden Jahren noch spürbar sein.

Im Bild: Fischer bei seinem Auftritt zum Thema Zeitenbruch. Klimawandel und die Neuausrichtung der Weltpolitik im Rahmen der Lit Cologne in Köln, 2022

Impressum

Für Fragen und Anregungen: 27AmigosVerlag@gmail.com

L. Willnauer
Marktstrasse 10
80802 München

Texte vom Autor und teilweise aus: Wikipedia, Die freie Enzyklopädie. URL: https://de.wikipedia.org/

Dieses Buch wurde vom Künstler oder Management nicht autorisiert.

Printed in the EU

ISBN 978-3-7505-3475-9

Bildnachweise

imago images/Future Image; imago/photothek; imago/Sven Simon; imago images/photothek; imago/Dieter Bauer; imago stock&people; imago stock&people; imago/Dieter Bauer; imago stock&people; imago stock&people; imago/Rainer Unkel; IMAGO/sepp spiegl; imago stock&people; imago/Rainer Unkel; imago/photothek; imago stock&people; imago/photothek; imago/Kai Horstmann; imago images/Uta Wagner; imago images/Uta Wagner; imago/photothek; imago/photothek; imago/Sven Simon; imago images/Christian Ditsch; imago/Kosecki; imago/Eckehard Schulz; imago stock&people; imago images/BRIGANI-ART; imago/Becker&Bredel; imago stock&people; imago stock&people; imago images/Eventpress; imago images/Eventpress; imago stock&people; imago stock&people; imago images/Eventpress; imago/Gustavo Alabiso; imago images/Uwe Steinert; IMAGO/APress

Printed in Germany
by Amazon Distribution
GmbH, Erfurt

11669164R00050